JN439857

앵두

송인영 시집

문학의전당 시인선
0305

앵두

송인영 시집

문학의전당

시인의 말

저
별들이
모두
쇠할 때까지……

2019년 4월
송인영

차례

제1부

제2부

제3부

제4부

제1부

인터스텔라*

제주바다 밤하늘 오름처럼 그려놓고

사라진 별의 출처 눈감고 찾아봐도

외로운 여자의 마음은 소행성 168h

---

*크리스토퍼 놀란 감독이 만든 우주 영화 제목.

방언의 계보학

들었남? 언어에도 지도가 있다는 말

똑같은 말인데도 너무 달라 여간 헷갈리는 게 아닌데. '부추'라는 말이 경기도에서는 '부추 혹은 부초', 강원도와 충청북도에서는 '분추', 충청남도는 '졸', 전라남북도에서는 '솔'이라 하고, 전라남도 승주, 광양, 여천, 그리고 그 옆 경상남도 남해에서는 '소불' 또는 '소풀'이라 하고, 경상북도에는 또 다르게 '정구지'라 한다네. 그러면 저 아래 남쪽 제주에는 이 부추를 뭐라고 하냐면 아, 생각지도 못할 그 말, '세우리'라 한다네. 따지고 보면 말인즉 다 이유가 있는 법. 알다시피 이 '세우리'가 무엇에 좋은 것인가 하면 거시기에 최고라는데. 바다를 벌떡 벌떡 일으켜 세우는 것도 알고 보면 섬, 그런데 섬이라고 다 같은 섬이 아니지. 나라 다스리는 법을 잘 세워야 진짜 섬이라고 할 수 있지. 대한민국 여의도 그 섬에 사는 사람들은 이걸 영 못 세워 제 구실을 못하고……

그러니, 뭐니 뭐니 해도 잘 세워야 장땡이지!

차귀도*

봄 한창 익었는데 너는 지금 몸살 앓아

흩날리는 햇살만큼 세상이 너무 감감해

불러도 대답 못한 채 두문불출 병 앓아

---

* 제주에 있는 섬.

골목, 수기를 쓰다

햇살의 초침 소리 세상을 흔들어 깨워

이제 더 휘지 않는 할머니 등 뒤에서

수북이 피어난 벚꽃, 그 밤길 읽어본다

마술처럼 순대 팔아 목숨을 얻었다며

난타에 버금가는 아름다운 손놀림으로

한 접시 쌓은 추억을 건네주는 할머니

자꾸 목에 걸리는 허기진 이야기지만

지울 수 없는 슬픔 꽃이 될 수 있다고

웅크린 과거를 펼친 할머니가 웃는다

유기견

소리가 달려간다, 그 소리가 꽃이 된다
용강동 좁은 들길 앞질러 가닿아서
비탈길 그늘에 숨은 봄빛을 물어뜯는다

뭉게구름 먹고 자란 긴 꼬리 돌돌 말아
털 속에 깊이 박힌 가시를 뽑아냈는지
찔레꽃 상그러웠던 몸, 바람에 흩어진다

어디선가 들려오는, 그러다가 사라지는
울음의 진원지를 곰곰이 생각할 때
사람들 슬픈 눈에서 방울 소리가 들린다

두 편 오름

1. 찐빵 같은 봄

기도하듯 손 모아 귀가하는 3월이면

울 엄마 가슴처럼 세상 금방 따뜻해

아무도 알아주지 않아도

길은 저리 부풀지

2. 아지랑이 문장

꽃이 되지 못하는 황홀한 그리움에

수돗물 틀어놓고 울음 몰래 지우며

둥글게, 둥글게 몸 말아

부푼 길을 삼키지

사마귀

천국행 티켓 같은 단풍잎 세상 건너
지하실 계단에서 기도하는 사마귀여
그리움 소실점이 된
인간사 읽고 있나

먹먹한 비바람에 찢겨버린 시간들도
의중과는 상관없이 줄 따라 흘러와서
카타콤 입구에 앉아
가슴 오래 만지고

하품하는 어둠들 두 손으로 감싸며
반성하듯 후회하듯 계단을 기어올라
하 붉은 세상 속으로
사라진 사마귀여

딸꾹,

출근하는 상준이를 졸랑졸랑 따라 붙은 달,

자리돔 살갗 같은 어둠 내린 골목에 달빛이 돋아나면 어디선가 씨나락 까먹는 소리 들려온다. '달빛도 달빛 나름' '달빛도 달빛 나름'이라고 바람이 털어버린 신상 안주 삼아 주고받는 대화 속에 싹트는 21세기이라니? 서로가 서로를 걱정하며 연거푸 "위하여!"를 외치지만, 도대체 무얼 위한 달빛인지 개밥바라기 사장도 전혀 모르는 눈치다. 다만 붉으락푸르락한 인간의 생을 달빛이 없는 듯 조용하게 오래 지켜보고 있을 뿐……

푸석한, 회식 자리에 보름달이 우묵하다

사리 무렵

볕살 머리에 이고 온종일 톱질하는
섬 찔레 몸속에는 실톱이 숨어 있나
쏟아진 톱밥가루들이
바닷가에 날린다

아버지 만선의 꿈 아마도 저랬을까?
짧게 숨 몰아쉬며 자식들 짝지어놓고
고요히, 한 평 땅에 누워
풀 여치 연인이 된

표선당포 앞바다 파도 소리 다독이며
눈부신 한나절을 수면에 얇게 펼쳐
또 한 척 짚배를 띄워
바라보는 어머니

고사리장마*

불구의 모습으로 소를 키운 큰아버지

사라진 그 봄처럼 여태 소식도 몰라

곶자왈 무성해진 안개

소문처럼 떠돌고

가냘픈 풀잎들에게 찢을 듯 달려들어

세상에 향 꽂듯 내리는 무자년의 비

제삿날 아침부터 찾아와

된소리로 쌓이고

---

*4월 중순쯤 제주에 계속해서 내리는 비.

붉은 꽃

햇살이 한 풍경을 반짝이며 읽는 시간

공사판에 출근한 노총각 영철이 삼촌

때 이른 반팔차림으로 철근을 자른다

가진 것은 성한 몸 그것밖에 없다고

하루 치 일당 위해 자존심 다 버린 채

오늘도 땀이 나도록 온몸으로 말한다

눈치코치 없어서 너무 힘든 삶이지만

그래도 살아야 할 그 이유 생각하며

멋대로 버려진 꿈을 짝 맞춰 정리한다

고시원

최초로 발견한 자
그 이름을 명명하듯

산허리 신림동에서 날마다 두 손 모아
뜨겁게 불을 밝히는 외로운 섬이 있다

밥 먹듯 굶어가며 지구를 지키고 있는
독립영화 단역배우 스물여덟 청년처럼

별들은 저리 푸르게
주기도문을 외우고

가파른 밤일수록 돌아갈 길은 멀지만
어두운 방 안에서 바다를 그리워할 때

허기져 아득해진 세상에
보름달이 걸린다

삼선슬리퍼 리포트

도서관을 빠져나간 성마른 초여름에
스물아홉 챙모자가 달무리에 걸리면
어둠은 0시를 향해
그물을 드리운다

먼 바다 파도 소리 온몸으로 그러안고
스물아홉 그림자가 말없이 걸어간다
흐릿한 포말 속에서
돋아난 허기처럼

가슴에 다는 훈장 전부가 아니라지만
스물아홉 슬픔을 지나본 자는 알리라
외로운 취업 준비생
끌고 가는 맨발을

제2부

제주 홍매화

얼마를 더 기다려야 그대 만나 말을 하나

섬 속에 들어앉아 파도를 읽은 사람

살바람 길을 안는다, 노을 끝에 걸린다

노마드*

문 여닫는 순간마다 봉긋하게 다가온
새로 산 브래지어 따뜻한 가슴 보면
색색이 얼굴 드러내는
이 가을 오름 같아

밋밋했던 사람들이 두근두근 벅차올라
누대로 이어오는 화산섬 시간 안고
눈웃음 되새김질하며
팽팽하게 솟구쳐

백약이 용눈이오름 다랑쉬 따라비오름
느낌대로 골라서 입어보는 가을볕
서랍장 나의 게르에는
유목민이 살고 있지

---

*유목민.

그녀, 지심*

봄 햇살 그러안고
섬을 떠나 섬에 왔다

노을도 비껴 앉는
저 서러운 동백 바다

그녀는 열여섯이었다,
80년 동안 볼 붉은

---

*경남 거제에 있는 섬.

판서정(判書井)* 문장

내 안에 반짝이는 햇살들을 펼치듯이
웅크린 불면의 밤 닦아낸 시장에서
보았네, 유배인이 팠다는
터만 남은 우물을

가닿지 못한 마음 물속에 깊이 담가
붓 대신 온몸으로 읽고 쓴 세상 안고
우물이 떠올린 그 하늘
손톱 위에 새겼나

못 쓰는 날이 많은 가난한 내 시편도
저렇듯 간절하면 물꼬 다시 트일까
받아든 한 편의 시가
푸른 날개를 다네

---

*판서를 지낸 충암 김정이 제주에 유배되었을 때 판 우물.

문장을 득하다

한 걸음에 달려온 곶자왈 환상의 숲

꿈결인 듯 펼쳐진 금빛 은유 집에 앉아

고요히, 어루만진 몸으로

한 편 시를 받네

보목리 사계(四季)

1. 목련을 읽다

4월이면 꽃들이 밥 앉히는 마을 있네 한날한시 한꺼번에 떠난 목숨 기리면서 먹울음 새하얗게 닦아 소신공양을 올리는

2. 별의 단상

아버지의 바다가 성근 저녁 다독이네 취업하지 못한 아들 때 놓친 밥상 위에 잘 익은 은갈치 한 마리 올려놓은 한여름

3. 태양초를 말리다

얼마 더 비워야만 하늘은 낮아질까 적멸을 떠올려도 가닿지 못할 꿈결 같아 나는 또 상상을 하네, 젖은 몸 넓게 널어

4. 제주 억새

풍경의 속살들이 바삭바삭 마르지만 갈매기 홋승 같은 흰 구름 훌훌 삼켜 절명 시 햇살 한 줌을 바다 위로 날려 보내고

남해유배문학관

압축된 시간들이 터질 듯 팽팽하다
땅의 기운 품은 몸 진통이 시작됐나?
낮달이 데리고 온 구름
풀꽃 속에 잠긴다

사르고 몸을 살라 인(燐)이 된 길을 안고
혼자 첩첩 갇혀버린 유배지 뒤안에서
밤마다 진공포장이 된
역사가 열릴 것이니……

섬은 바다의 누이, 대륙의 어머니다
불면에 뒤척인 꿈 마침내 눈을 뜨고
바람이 남겨놓은 항라(亢羅)
고요를 껴입는다

칸나

한눈에 제주항이 들어온 사라봉 기슭
바다로만 목이 휜 채 피어 있는 중년여자
발아래, 정박한 크루즈
저 선실 불빛 같아

뼈마디 시큰하게 늦가을 숨어들었지만
그 마음 긴 그림자 오늘도 되작이면서
모두가 잠든 한밤중
뜬눈으로 꿈꾼다

다 본 듯 행복했던 3장 세 수의 사랑
일렁이는 꿈결처럼 뭐가 또 그리웠나
발등에 가슴을 던져
섬이 된 저 여자

노도 이야기

"좁쌀이 쌀보다 더 비싼 이유 아십니꺼?"

퇴직한 남편 따라 노도에 들어와서 부산댁에서 노도댁 되기까지 아주머니는 무던 속을 끓였다는데……. "그 속 달래는 데는 조농사만 한 것이 없었던 거라. 영감 만나 40여 년 동안 이 세 마디가 전부였제. '얼라는?' '밥 묵자' '자자' 아무리 여편네 팔자 뒤웅박 팔자라지만 참말로 너무 했는기라. 그래, 내 오늘 이눔의 좆을 아주 끝장을 볼 것이니, 두들기고 털어내고 안 밟는 척 자근자근 밟을기라. 아무도 막지 마라, 이 멍석 위에서 벌어지는 일에 대해선. 그 어떤 법도 경찰도 날 잡아가진 못할 끼라." 덩달아 길섶 금송화 어깨춤 덩실덩실, 바다도 맞장구치며 철썩, 철썩 차르르르……. "이리 와서 이 반질한 좆 좀 보고 가이소, 얼마나 탱탱하고 또한 찰진지! 좁쌀이 비싼 이유 이제 알겠습니꺼? 한 말씩 주문하고 가이소, 내 택배로 보내 드리꼬마." 이 말 듣고 주소 안 써 줄 여자 이 세상에 없을 거다.

며칠 후, 우리 집 식탁에 그 좆이 올려졌다

당단풍

한 세상 안짱다리로 살아오신 외숙모님

맑은 날 끝물가지로 그 슬픔 지운다고

감아쥔 명주 한 필을 눈물로 푸는 언니

마음 낙원

오르고 나면 세 뼘 더 높아지는 하늘
그 하늘에 색을 입히는 칠장이 봉남이 총각
며칠째 땡볕에 매달려 안간힘을 쓰고 있다

죽어도 가지 못한다는 같은 나라 같은 하늘
하나님도 잠시잠깐 땅으로 돌려보내고
이 하루 천지창조를 새롭게 다시 써보는

내일은 더 높은 하늘 봉남이 총각을 기다려도
딛고 선 사글셋방 팔순 노모와 함께라면
기꺼이 마주한 하늘 그 하늘이 낙원이라고

구름의 문장

처녀도 섬 처녀가 수줍음을 더 타듯이
볼 붉은 당단풍 뒷모습이 따사롭다
할머니 닳은 호미질에
속살 훤히 드러난다

"이렇게 오진 데를 찾아와 고맙습니더"
앉은 채로 뒤뚱뒤뚱 굽은 세월을 펴는
비탈진 생의 하루가 하늘에 가닿는다

자식 같은 고구마 포대 가득 담으면서
"참말로 오랜만에 사람 귀경을 합니더"
그 순간, 바람 한 자락이
동백나무 휘감는다

바다를 훔쳐보다

모두가 자리 비운 겨울 꽃밭 언저리

작은 팻말 하나가 저녁을 붙안는다

뼈 시린 바람 맞으며

무인도로 앉아서

들떠 오른 그리움 새떼로 날려 보내

어둠이 내던지는 짜디짠 별 읽으며

간정한 울음을 되삼켜

울음소리 지우는

제3부

한 폭,

거침없이 비 내린 아침을 잠재우고

혼자서 바닷가에 나앉은 늙은 엄마

썰물과 밀물에 뜯겨서

몸 안쪽이 휑하다

김만덕* 생각

객줏집 들마루에 바람 소리 술렁인다
육지로 오가는 배, 죄다 발이 묶이면
반질한 부뚜막 위로 입김들이 쌓인다

그릇을 닦는 동안 우련 밤이 붉어도
웃음의 그 속내를 혼자 몰래 훔치며
썰물에 저 밀물 얹어 외로움을 달래고

꽃피는 봄이 오면 이젠 나를 위해서
뜨거운 밥물처럼 그리움 부둥켜안아
날마다 몸 따뜻하게 국밥집을 밝히리

---

* 거상(巨商) 김만덕(金萬德).

달에게

피기도 전에 꽃들이 먼저 다녀온 곳은
세상의 중환자실 그 연옥(煉獄) 아닌가 몰라

저것 봐, 저 붉은 봉오리가
그걸 증명하잖아

맘껏 울고 웃으며 이제는 그러고 살자
안 보이게 꽁꽁 감은 흉터도 다 드러내

눈부신 꽃 이파리처럼
꽃나무의 길처럼

아버지의 봄

뺏겨서
알몸이 된 식민지 그 밤처럼

넋 놓고 떠나보낸 불면의 연대를 안고

젓가락,
저 놋젓가락

닦아내는
비여

제주 바오젠거리

날마다 어슬렁대며 옛날을 회상하는
연동골목 아저씨 그 고집 슬쩍 지워

밀려든 차이나식 저녁,
간판들이 불 켠다

물려받은 땅뙈기 모조리 저당 잡혀
터주신 삼승할망도 자릿세 내야 하는

제주는 이제 빈털터리,
바람조차 눈치 본다

제비꽃

목련나무에 앉았던 참새가 날아간 저녁

고딕체 느낌표들이 새파랗게 돋아났다

외로운 인간의 생이 눈을 닦은 것처럼

엄마의 詩
—죽녹원에서

'변치 않는 사랑의 길' 팻말에 이끌리어

결혼 앞둔 딸아이와 한 세상 떠올렸네

왕대숲 푸른 그늘에 할 말 다 적어놓고

품바

오일장 난전에는 가벼움이 그 주인공
각설이 분장을 한 제라늄 화분 앞에
태양은 저리 뜨겁게 눈웃음을 흘리고

끝물에 피는 꽃은 부끄러움 전혀 몰라
흘러온 엿 같은 생 한판 놀아보자며
단숨에 경계를 지워 허리춤 드러낸다

죽어도 죽지 않는 광대의 운명이라서
봇짐을 싸기 전에 슬픔 다 풀고 싶어
걷다가 뒤돌아보며 핼쑥하게 또 웃고

거미의 가을

'안 오를 시 무조건 100% 환불 보장'

아파트 전봇대에 급매물이 매달렸네

저렇듯, 다급한 현실은

위태롭고 급하다

흐릿한 마음들은 출처 또 불분명해

한 줄기 바람에도 떨어진 받침 안고

낮달이 허공을 밟으며

서쪽으로 흐른다

대치동

자정을 넘은 시각 누 떼로 쏟아져 나온

아이들의 뒷모습 잡아먹은 가등 건너

좁다란 골목에 잠긴 어둠이 탈색된다

졸음 견딘 자만이 초원에 갈 수 있어

특강도 모자라서 보강에 또 보충까지

색색이 밑줄 그으며 웃음을 그렸지만

지쳐버린 귀갓길 그 어디로 흘러갈까

도심의 빌딩 숲에 숨어버린 꿈을 찾아

오늘은 초승의 섬이 뭍으로 흘러왔다

새들은 나무의 영혼이다

바람 소리 듣다가 문득 알게 되었네

나무는 제 자신이 가장 높은 음표란 걸

울림통 깊어진 가을에

길어 올린 몸 우물

간절하면 이루리라 간절하면 이루리라

우듬지 그 자리를 새들에게 양보하고

또 한 번 혼신을 다해

나무는 노래하네

제4부

5월의 어판장
—J 시인께

독수리 형상으로 허공을 가로질러
세연정 바람 소리 몸으로 지운 새벽

잡혀서 끌려온 바다,
홍정이 한창이다

날 때부터 정해진 신분을 드러낸 채
맨바닥 아랑곳없이 줄지어 기다리는

축축한 어둠의 비문에
나는 또 밑줄 긋고

구겨 넣듯 빠르게 끝이 난 축제처럼
아침이 밝기 전에 점점이 사라져간

등 푸른 물고기의 詩,
온몸으로 받는다

노을 쌈장

'욱'하는 성질머리 이제 더는 못 살겠다

지지고 들볶아도 헤어질 수 없는 천형

없는 듯, 내 모습 숨겨 슬픔 갈무리한다

신전의 징검다리

기도실 가는 길엔 돌들도 묵상을 한다

낮은 곳 낮은 몸짓 표정 한번 바뀌는 일 없이

오늘도 밟힌 그 자리 말씀으로 다가와

날마다 나의 발을 씻어 주시는 하나님

이 새벽 신전 마당 징검다리 건너와서

피 묻은 당신의 발바닥 어루만져 보렵니다

노랑발도요새

날갯짓 그것만으로 그대에게 갈 수 없어

새벽 골목 어귀에서 터져버린 울음보

아직도 기억하는지, 두 무릎 욱신거린다

지천명

스무 살 어지럼증 오늘 다시 도졌는지

해줘해줘개골개골개골개골해줘해줘해해골골해줘해줘개골개골골골골골……

애꿎은 별똥별 하나 내 몸속에 박히고

꽃반지

추억은
몸의 고리,
녹스는 법이 없네

눈에서 사라지고
내 손에서
멀어져도

풀꽃이
그려놓은 세상,
햇살처럼
빛나고

COREEN*

세느강 북쪽 마을 좁은 골목 돌아들면
한번 다녀간 사람 다시 꼭 찾는다는
수굿한 모란을 닮은 한인식당이 있네
큰맘 먹고 떠나온 이방인의 몸이지만
허기진 그리움이 식탁 위에 펼쳐지면
무심한 풍경의 한낮 푸르게 밝아오네
손 내밀며 웃으면서 살갑게 말 건네는
세느강 물결 닮아 눈이 깊은 한 사람
한 마리 호랑나비를 나에게 전해주네

---

* 프랑스어로 '한국'이라는 뜻.

무지외반증*

내 몸

DNA는 나선형 꽃잎 같아

자꾸만 뒤틀리고 혼자 또 넘어지고

차라리 이럴 바에는

아무도 몰래

사랑할 걸

* 엄지발가락이 변형된 질환.

앵두

뱉지도 못한 네가 삼키지도 못한 네가

내 몸 구석구석 시큼새콤 핥고 나와

이렇듯, 핏방울 지워 한 편 詩가 되고

8월 20일

태양이 뜨거워서 슬쩍 눈 돌리는데
한 남자 옥상에서 빨래를 널고 있다
몇 달째 같은 시간에
섬으로 떠올라

탈수를 하고 나온 아내의 브래지어
혼자 저리 물든 능소화의 풍경처럼
바람에 몹시 펄럭거렸다,
내 가슴이 출렁거렸다

"고등어, 갈치 삽서. 싸게 팝니다"
남자의 한여름이 파도 타고 흘러와
손으로 늑골 만지며
허기를 받아든다

홍시

앙상해진 감나무에 달려 있는 태양 하나

세상 짐 내려놓고 골고다로 가는 길에

서둘러, 새들을 불러 살점 모두 내주고

별맞이 여행

'선녀가 자식들을 데리고 와 놀았다'는
선자령 언덕에서 문득 나 깨달았네
별 중에 사랑하는 마음이 가장 밝다는 것을

사람이 사람에게 스밀 듯이 다가가고
나무들과 풀잎이 서로를 그리워하며
밤하늘 가장 깊은 곳에 마음을 흩뿌리네

양떼를 몰고 가는 구절초의 눈빛으로
하산 길 따뜻하게 밝아진 그 이유는
짙푸른 하늘목장 위에 풍차가 돌기 때문

혈서(血書)

불어난 중량만큼
심장 자꾸 희미해져

금세 식어버리는
내 몸에 불 지른다

부활의 계절이 오면
후속편 다시 쓰리

해설

아름답고도 슬픈, 즐거운 당신들

신상조 문학평론가

고요하고 중의적인 자아

시집 첫 장을 펼치면 "외로운 여자의 마음"인 "소행성 168h"(「인터스텔라」)가 "제주바다 밤하늘 오름"처럼 그려져 있다. 이 떠돌이별은 우리가 살고 있는 곳의 시간이나 공간에서부터 아주 멀리 떨어져 있는 거리감으로 다가온다.

우주선을 타고 가던 영화 〈인터스텔라〉의 주인공은, 점점 멀어지는 지구를 향해 '왠지 외로워 보인다.'고 말한다. 우주에서 바라보는 지구는, 〈인터스텔라〉의 주인공이 말했듯 한없이 사소하고 외로운 존재로 우주에 떠 있다. 그러니 우주의 점이고 섬인 지구 주변을 떠도는 소행성을 우리는 차라리 막

막한 허허로움이라고 부르자. 소행성이란 우주의 소용돌이 속에서 행성으로 합쳐지기를 거부한 채 작은 떠돌이별로 남은 우주의 화석이자 부스러기별이 아니던가. 그러니 작은 떠돌이별이 주는 인상을 이 시집에 대한 직관적 인상에 겹쳐놓는다. 어차피 '소행성 168h'는 허블망원경으로도 찾을 수 없는 미지의 별이다. 우리의 직관만이 이 작은 떠돌이별을 알아볼 수 있는 것이다.

작은 떠돌이별에 겹쳐지는 시집에 대한 인상은 책의 첫머리에 실린 「인터스텔라」로부터 온다. 시 쓰기를 통해 무언가를 말하게끔 만드는 욕망의 정체가 시인에게는 사라진 별의 아득한 거리감과, 그 거리감이 만들어내는 적막의 형상화인 듯싶다. 성운의 뜨겁고 소란스러운 소용돌이를 감당할 수 없었던 소행성의 태생적 한계를 내재한 적막이다. 존재하는 것은 무한히 증식하는 정서적 울림뿐, 시의 내부에는 소리도 속도도 존재하지 않는다. 일차적으로 시인의 정서를 다루기 위한 시에서, 이처럼 고요한 자아를 만나기란 그리 쉽지 않은 일이다.

제주바다 밤하늘 오름처럼 그려놓고

사라진 별의 출처 눈감고 찾아봐도

외로운 여자의 마음은 소행성 168h

—「인터스텔라」 전문

시어를 엄격한 기술과 제작 방식에 따라 골라내어 배치하는, 따라서 시작(詩作)을 일종의 인공적인 제작과정을 통한 결과물로 해석할 때, 시에서 부각되는 것은 시인에 의한 언어의 자의적 해석과 시어의 사물성이다. 그러나 다른 한편에는 시인의 마음이 우려낸 말의 풍경이 존재한다. 바다가 아무런 의식 없이 하늘을 품고 오름을 품듯, 이때의 시어는 개별적 사물로 부각되기보다 여백이 되어 풍경 속으로 스며든다. 요컨대 「인터스텔라」에서 “사라진 별”은 생성과 소멸의 과정 속에 있는 물질성의 처연하고도 성스러움을 표상하면서 아득한 우주의 풍경 너머로 가뭇없이 사라진다. 세상의 풍경 속에서 시인이 본 모든 것은 아득한 기원을 가졌으되, 언제든 소멸의 과정을 향해 가고 있다.

뜬 눈에 해당하는 우리의 분별이 가닿을 수 없는 한계가 사라진 별이 가닿은 지점이라면, 시인은 한계 너머를 보려는 열망으로 육신의 눈을 감고 마음의 눈을 뜬다. 시는 이 마음을 소행성 168h라고 은유한다. 소행성 168h는 쓸쓸해서 하루에 해 지는 모습을 마흔네 번이나 보았던 ‘어린 왕자’를 연상시키는 은유다. 이러한 주체 내면의 독백적 외로움이 형상화될 때, 주체는 중의적이고 흐릿하게 드러난다.

1. 찐빵 같은 봄

기도하듯 손 모아 귀가하는 3월이면

울 엄마 가슴처럼 세상 금방 따뜻해

아무도 알아주지 않아도

길은 저리 부풀지

2. 아지랑이 문장

꽃이 되지 못하는 황홀한 그리움에

수돗물 틀어놓고 울음 몰래 지우며

둥글게, 둥글게 몸 말아

부푼 길을 삼키지

—「두 편 오름」 전문

송인영의 시의 정서는 문장 뒤에 숨지 않는다. 비애를 표현하는 부분에서는 종종 깊은 감정을 표현하는 구절이 그대로 드러나기도 한다. 반면 화자의 체취를 느끼게 만드는 일상적인 부분은 생략되거나 극도로 간소하게 그려진다. 이 시는 대상의 외양과 행동의 차원으로는 읽어낼 수 없는 모종의 비의적 세계를 담고 있다. 시에서 그리는 주관적 인상이 커질수록 객관적인 현실이 희미해진다. 시는 대상의 행위를 제시하지만 어떤 현실적 맥락도 지시하지 않은 채 비의적 감각만을 환기한다.

「두 편 오름」은 울고 있는 대상과 그 대상을 바라보는 위치의 이면적 화자가 분리되기보다는 중의적으로 결합한다. 시에서의 주체가 '언술들의 구조화된 장에서의 어떤 지점'이라고 가정할 때, 송인영의 시에는 행위하는 주체와 바라보는 주체 사이의 구분이 불분명하다는 의미이다. 송인영의 시가 때로 모호한 이유는, 아마도 화자를 노출하기 꺼려하는 저러한 중의성에서 비롯하는 듯싶다.

반면 화자와 대상이 분명히 구분될 때, 시는 보다 구체적인 형태를 띤다. 동네 골목에 자리를 잡고 순대를 팔아 생계를 이어가는 '할머니'(「골목, 수기를 쓰다」), 신산한 청춘을 회식자리에서의 한 잔 술로 위로받는 '상준이'(「딸꾹」), "불구의 모습으로 소를" 키우다 행방불명이 된 채 소문만 무성한 '큰아버지'(「고사리장마」)와 "한 세상 안짱다리로 살아오신 외숙모

님”(「당단풍」), “공사판에 출근한 노총각 영철이 삼촌”(「붉은 꽃」)을 비롯해서 “혼자서 바닷가에 나앉은 늙은”(「한 폭」) 엄마에 이르기까지, 이들 한 사람 한 사람 삶의 세목은 구체적이면서 생생하다.

뺏겨서
알몸이 된 식민지 그 밤처럼

넋 놓고 떠나보낸 불면의 연대를 안고

젓가락
저 놋젓가락

닦아내는
비여

—「아버지의 봄」 전문

「아버지의 봄」은 시가 얼마나 함축에 능한 장르인가를 초장에서 충분히 보여준다. 시대성을 환기하는 사물인 ‘놋젓가락’이 일제강점기 아래의 아버지를 ‘알몸’으로 호명한다. 그러나 이 시는 ‘아버지의 삶’에 대한 단순한 기록과 소박한 재현을 넘어선다. 자신에 대해 이야기를 쓰거나 노래하기를 즐

겨하는 사람이 있다면, 송인영은 "평범한 삶을 사는 그들의 세계가 믿기 어려울 정도로 아름답고, 또한 슬프기 때문에 씁니다."라고 하는 것 같다. 그는 "하루치 일당"을 위해 "땀이 나도록 온몸으로 말"하고, "눈치코치 없어서 너무"(「붉은 꽃」) 힘들게 사는 이들의 삶을 통속과 신파를 비켜가며 '일상의 미학'으로 그려낸다. 독자들에게 다양한 삶을 이해하고 깨닫게 하는 문학, 자동화·습관화된 일상적 감각을 변화시키는 문학의 기능은 언제까지나 유효하다. 다시 말해 고요하고 중의적인 이 자아는, 자신에게 친숙한 세계를 발견하는 경이로움에 글을 쓴다.

간결한 이미지로 드러나는 시적 감수성

송인영의 시는 화려한 수사를 거부한다. 언어를 작의적으로 비트는 '낯섦'에 대한 강박도, 겉으로는 진지하지만 일방적이고 폭력적인 교훈도 찾아볼 수 없다. 진부함을 비트는 미학이 시도되지만 거기에 전적으로 몰입하지는 않는다. 평범한 깨달음에 과도한 의미를 부여함으로써 화자의 목소리가 크고 뚜렷한, 하나마나한 소리를 듣는 데서 오는 피로감이 덜하다는 점은 그의 시가 가진 매력이다. 현란한 문체와 과잉의 정서, 그리고 과잉의 의미화 대신, 그의 시는 간결한 아름다움을 추구한다. '섬'과 같이 극도로 간략하게 정제된 형태의 이미지는 간결함으로 드러나는 시적 감수성의 한 예다.

'섬'은 시집 전반에 걸쳐 다양하게 출현한다. 독립영화에 단역배우로 출연하며 산허리 신림동의 한 고시원에서 생활하는 스물여덟 청년의 공간은 화자가 보기에 "외로운 섬"(「고시원」) 같고, 중년의 설렘을 간직한 여자는 "일렁이는" 그리움을 품은 채 "섬이 된"(「칸나」)다. 또한 "울음을 되삼켜/울음소리"를 지우는 사람의 외로움은 "무인도"(「바다를 훔쳐보다」)로 그려진다. 이렇듯 사람의 특성이나 처지가 섬으로 형상화된다면, 사물인 섬은 인격적 특성을 부여받는다. 제주의 홍매화는 섬 그 자체로 "들어앉아서 파도를 읽"(「제주 홍매화」)고 있는 중이다. 경남 거제에 있는 '지심'을 "80년 동안 볼 붉은"(「그녀, 지심」) 열여섯 그녀라 호명하고, 제주에 있는 섬 차귀도는 "불러도 대답 못한 채 두문불출 병"(「차귀도」)을 앓고 있다고 표현한다. 섬은 송인영 시의 현실에 대한 해석이자 화자의 정서를 부각시키는 절대적 이미지로 기능한다.

태양이 뜨거워서 슬쩍 눈 돌리는데
한 남자 옥상에서 빨래를 널고 있다
몇 달째 같은 시간에
섬으로 떠올라

탈수를 하고 나온 아내의 브래지어
혼자 저리 물든 능소화의 풍경처럼
바람이 몹시 펄럭거렸다
내 가슴이 출렁거렸다

—「8월 20일」 부분

몇 달째 매일, 같은 시간이면 옥상에 올라 빨래를 널고 있는 남자의 일상을 시인은 '섬'이라는 이미지로 포착한다. 이 이미지는 전통적 의미에서의 객관적 시선이 포착한 이미지와는 거리가 멀다. 객관적 시선으로서의 화자일 경우, "보는 사람은 보이지 않는 상태로 남아 있고, 자신이 들어선 풍경 속의 한 부분이 되면서도 그는 계속해서 아웃사이더"로 남는다. 보는 사람을 사라지게 만듦으로써 대상이 살아나게 하는 객관주의자의 시선이야말로 시에서의 전통적 이미지즘에 부합하는 것이다.

이와 달리 송인영 시의 '섬'은, 시인이 보고 느낀 주관적 감상이자 기억의 형상화다. '섬'은 "혼자 저리 물든 능소화의 풍경처럼/바람"을 펄럭이게 하고, 화자의 가슴을 "출렁"거리게 만든다. 메를로 퐁티의 말을 변용해서 인용하자면, 바라보이는 세계의 표현 양식이라기보다 바라보는 주체의 정서를 표현하는 양식이 '섬'이라는 이미지다.

다음의 시들 역시 시인의 주관적 감상과 기억을 말해준다.

주목할 점은 시어의 적확한 만큼이나 간결한 이미지들이다.

1. 목련을 읽다

4월이면 꽃들이 밥 앉히는 마을 있네 한날한시 한꺼번에 떠난 목숨 기리면서 먹울음 새하얗게 닦아 소신공양을 올리는

2. 별의 단상

아버지의 바다가 성근 저녁 다독이네 취업하지 못한 아들 때 놓친 밥상 위에 잘 익은 은갈치 한 마리 올려놓은 한 여름

3. 태양초를 말리다

얼마 더 비워야만 하늘은 낮아질까 적멸을 떠올려도 가닿지 못할 꿈결 같아 나는 또 상상을 하네, 젖은 몸 넓게 널어

4. 제주 억새

풍경의 속살들이 바삭바삭 마르지만 갈매기 훗승 같은 흰 구름 훌훌 삼켜 절명 시 햇살 한 줌을 바다 위로 날려 보내고

―「보목리 사계(四季)」 전문

이 시는 중첩의 형태를 띠고 있다. 이러한 형식은 여러 개의 작품을 단순히 병렬하는 게 아니라 일관된 체제에 따라 시상을 전개한다. 각 수들이 긴밀하게 연결되어 있는 만큼 구성이 질서정연하다. 봄·여름·가을·겨울에 해당하는 각 연마다 부제를 달고 있는 이 시는, '보목리'의 사계를 서정적으로 스케치한다.

첫째 수 '목련을 읽다'는 한날한시에 제사를 지내는 어촌 마을의 비극을 새하얀 목련의 이미지로 풀어낸다. 목련은 '뚝뚝'이라는 감각적 부사어가 어울리게 속절없이 낙화하는 꽃이다. 뚝뚝 떨어지는 목련의 이미지에 바다에서 져버린 숱한 비명(非命)들이 겹쳐진다. "먹울음"은 앞의 '목숨'과 음이 겹치는 걸 피하기 위해 '목울음'을 대신하는 어휘다. 캄캄한 울음이라는 느낌을 환기하므로 목울음에 비해 비극성이 심화된다. 둘째 수 '별의 단상'은 취업을 준비하는 아들이 행여 눈칫밥을 먹을까, 늙은 아버지가 밥상에 올려놓는 은갈치가 주인

공이다. 이로써 보목리의 여름은 바다와 은갈치로 대비되는 색채 이미지와 함께 은근한 부성(父性)으로 눈물겹게 푸르다.

따가운 볕에 몸 말리는 고추를 보며 삶과 죽음을 벗어난 차원을 희구하는 가을, 그리고 목숨을 걸 만큼 시에 목마른 겨울의 보목리는 사(死)의 비극과 생(生)의 연민이 공존하고, 놓으려는 성찰과 잡으려는 예술이 때를 따라 순환하는 곳이다. 시의 전반에 깔린 희고 푸르고 붉은 색채 이미지는 부수적으로 따라오는 미적 감각이다. 시에서의 보목리가 얼마나 실재의 삶에 근접했는가를 따지는 건 무익한 일이다. 시인은 보목리라는 텍스트를 읽고 경험한 자신만의 감각을 시로 옮겨 적는다. 그의 시적 감수성 아래서 보목리는, 문학이 재발견한 장소로 간명하고도 아름답게 태어난다. 시인의 개별적 감수성이 공통적인 감수성으로 독자에게 다가서는 순간이다.

경직되지 않은 언어, 진심을 품은 언어

시인은 주로 자신이 살고 있는 '마을'이라는 네모난 창을 통해 외부의 삶을 들여다본다. 그 와중에 "참말로 오랜만에 사람 귀경을 합니더"와 같은 토속적 방언이 시인의 귀에 들리면, 동백나무를 휘감는 "바람 한 자락"(「구름의 문장」)처럼 시적 영감이 찾아오기도 한다. 그리고 방언이 주는 감흥으로 써

지는 시는 파격의 형식과, 그런 문학의 오랜 전통인 해학성을 고스란히 성취한다.

들었남? 언어에도 지도가 있다는 말

똑같은 말인데도 너무 달라 여간 헷갈리는 게 아닌데. '부추'라는 말이 경기도에서는 '부추 혹은 부초', 강원도와 충청북도에서는 '분추', 충청남도는 '졸', 전라남북도에서는 '솔'이라 하고, 전라남도 승주, 광양, 여천, 그리고 그 옆 경상남도 남해에서는 '소불' 또는 '소풀'이라 하고, 경상북도에는 또 다르게 '정구지'라 한다네. 그러면 저 아래 남쪽 제주에는 이 부추를 뭐라고 하냐면 아, 생각지도 못할 그 말, '세우리'라 한다네. 따지고 보면 말인즉 다 이유가 있는 법. 알다시피 이 '세우리'가 무엇에 좋은 것인가 하면 거시기에 최고라는데. 바다를 벌떡 벌떡 일으켜 세우는 것도 알고 보면 섬, 그런데 섬이라고 다 같은 섬이 아니지. 나라 다스리는 법을 잘 세워야 진짜 섬이라고 할 수 있지. 대한민국 여의도 그 섬에 사는 사람들은 이걸 영 못 세워 제 구실을 못하고……

그러니, 뭐니 뭐니 해도 잘 세워야 장땡이지!

—「방언의 계보학」 전문

「방언의 계보학」은 지역마다 다른 '부추'의 이름을 사설조로 길게 나열한다. 속된 표현을 빌려서 풍자의 뼈대를 세우는 것이라든가, 중장이 파격적으로 길어지는 형식 등이 전통의 맥에 닿아 있다. 앞서도 얘기했다시피 파격을 형식으로 하는 문학은 해학에 능하다. 파격의 형식과 함께 건강한 민중성이 해학적으로 드러나는 다음 작품을 살펴보자.

"좁쌀이 쌀보다 더 비싼 이유 아십니꺼?"

퇴직한 남편 따라 노도에 들어와서 부산댁에서 노도댁 되기까지 아주머니는 무던 속을 끓였다는데……. "그 속 달래는 데는 조농사만 한 것이 없었던 거라. 영감 만나 40여 년 동안 이 세 마디가 전부였제. '얼라는?' '밥 묵자' '자자' 아무리 여편네 팔자 뒤웅박 팔자라지만 참말로 너무 했는기라. 그래, 내 오늘 이눔의 좇을 아주 끝장을 볼 것이니, 두들기고 털어내고 안 밟는 척 자근자근 밟을기라. 아무도 막지 마라, 이 멍석 위에서 벌어지는 일에 대해선. 그 어떤 법도 경찰도 날 잡아가진 못할 끼라." 덩달아 길섶 금송화 어깨춤 덩실덩실, 바다도 맞장구치며 철썩, 철썩 차르르르……. "이리 와서 이 반질한 좇 좀 보고 가이소, 얼마나 탱탱하고 또한 찰진지! 좁쌀이 비싼 이유 이제 알겠습니꺼? 한 말씩 주문하고 가이소, 내 택배로 보내 드리꼬마." 이 말 듣고 주소 안 써 줄 여자 이 세상에 없을 거다.

며칠 후, 우리 집 식탁에 그 좆이 올려졌다

—「노도 이야기」 전문

사투리라고 해야 말맛이 살아나는 지역 방언은 말 중에서 가장 자유로운 말이라 일컬어진다. 혹자에 따르면 '마음 가는 대로 쓰이는 말', '유년의 언어', '앎의 언어가 아닌 육화된 언어'가 사투리다. 놀랍도록 단순하고 유연한 사투리의 예로써, 경상도의 '문디야!'는 상황 맥락에 따라 인사말과 나무람, 반어와 감탄사와 수사를 얼마든지 넘나든다. 사투리는 다양한 의미 전달과 함께 정서 전달에도 능한 말이다. 사투리가 오고 갈 때, 화자와 청자 사이에는 정보는 덤이요 인정이 오고 간다. 사투리가 '그리움의 언어'라는 말은 결코 과장된 표현이 아닌 것이다.

「노도 이야기」의 기저에 깔린 정서도 인정이다. 이 시는 노도댁을 대하는 시적 화자의 호감 어린 태도를 기반으로, 곡물에 대한 정보를 낯 뜨거운 묘사로 일관하는 노도댁의 찰진 사투리가 시상의 중심을 이룬다. 한국 문학에서 뻔뻔하게 발화되는 성(性)이나 성적 묘사는 민중의 건강성을 담보하는 표지로 기능해왔다. 그렇더라도 노도댁이 사투리를 능청스럽게

구사하지 않았던들, 음담패설에 가까운 뻔하고 세속적인 넋두리가 문학으로 승화될 리 만무하다. 언어에 싱싱한 윤기를 더하는 것은 밑바닥 삶의 현장성에 있겠으나, 사투리로 말미암아 삶의 현장성은 빛을 발한다. 사투리가 가진 유연성이 우리말을, 나아가 우리의 삶을 얼마나 아름답게 번창시키는지를 새삼 깨닫게 만드는 작품이다.

문학은 전혀 낯선 곳에서가 아닌 삶의 진부함과 맞닿은 곳에서 탄생한다. 「방언의 계보학」과 「노도 이야기」는 이 시집의 전체 성격에 비춰 본다면 분명 이질적이다. 그렇기에 이 두 작품은 송인영의 시가 언어의 경직성이라고는 모른다는 점, 고고한 엘리트주의와는 상관이 없음을 온몸으로 입증하고 있다.

충암 김정이 제주의 한 유배지에서 팠다는 '판서정'이란 우물의 터를 보고 온 날, "가난한 내 시편도/저렇듯 간절하면 물꼬 다시 트일까"(「판서정(判書井) 문장」)라고 시인은 고백한다. 이번 시집의 제목이기도 한 「앵두」에서는 시를 아예 '핏방울'로 쓴다.

> 뱉지도 못한 네가 삼키지도 못한 네가
>
> 내 몸 구석구석 시큼새콤 핥고 나와

이렇듯, 핏방울 지워 한 편 詩가 되고

—「앵두」 전문

그에게 시는 기교로 하는 창작이 아니라 간절함으로 '득' 하는 것, 쓰기가 아니라 진실을 품기 위해 시를 사는 일이다. 아름답지만 누추하고, 비논리적이고 우주적이지만 지극히 개별적인 삶의 면면을 노래하는 그의 시는, 언어가 존재의 밑바닥에서 올라와야 한다고 믿는다. 하여 오늘도 시인은 "고요히, 어루만진 몸으로/한편 시를 받"(「문장을 득하다」)는다. 시심을 들여놓기보다 시심이 되어버린 몸이다. 그 몸이 핏방울을 지워 온정신으로 쓴다. 이미 절창이다!

이 도서의 국립중앙도서관 출판시도서목록(CIP)은 서지정보유통지원시스템 홈페이지(http://seoji.nl.go.kr)와 국가자료공동목록시스템(http://www.nl.go.kr/kolisnet)에서 이용하실 수 있습니다.(CIP제어번호: CIP2019016171)

문학의전당 시인선 0305

앵두

초판 1쇄 인쇄 2019년 4월 25일
초판 1쇄 발행 2019년 5월 2일
지은이 송인영
펴낸이 고영
책임편집 서윤후
디자인 헤이존
펴낸곳 문학의전당
출판등록 제2017-000002호
주소 서울시 마포구 마포대로 11길 91, 3층
전화 02-852-1977 팩스 02-852-1978
전자우편 sbpoem@naver.com

ISBN 979-11-5896-421-4 03810

* 이 시집은 문화체육관광부, 제주특별자치도, 제주문화예술재단의 지원을 받아 발간되었습니다.